The Tree of Wishes and Other Stories: Bilingual Spanish-English Stories for Children

Coledown Bilingual Books

Published by Coledown Bilingual Books, 2023.

THE TREE OF WISHES AND OTHER STORIES: BILINGUAL SPANISH-ENGLISH STORIES FOR CHILDREN

First edition. September 9, 2023.

Copyright © 2023 Coledown Bilingual Books.

ISBN: 979-8223138099

Written by Coledown Bilingual Books.

Table of Contents

El Viaje de las Estrellas Brillantes

———

Había una vez en un pequeño pueblo llamado Brillantia, un grupo de estrellas brillantes que vivían en el cielo nocturno. Cada noche, estas estrellas se reunían en el centro del cielo para jugar y bailar. Eran conocidas como las "Estrellas Brillantes" y eran muy amigas.

Un día, mientras las Estrellas Brillantes jugaban en el cielo, una de ellas llamada Estrellita se dio cuenta de algo triste. Había una estrella solitaria llamada Estrellón que nunca se unía a sus juegos. Estrellón siempre se quedaba en un rincón del cielo, sintiéndose muy sola.

Estrellita se preocupó por su amiga solitaria y decidió hacer algo al respecto. Reunió a las demás Estrellas Brillantes y les propuso un plan. Querían hacer que Estrellón se sintiera feliz y parte del grupo.

Así que, esa noche, en lugar de jugar en el centro del cielo, las Estrellas Brillantes formaron un gran círculo alrededor de Estrellón y comenzaron a bailar alrededor de ella. Cantaron canciones alegres y le dijeron a Estrellón lo especial que era.

Estrellón, al principio, se sintió sorprendida y un poco avergonzada, pero luego comenzó a sonreír. Por primera vez en mucho tiempo, se sintió querida y parte de algo. Empezó a bailar y a reír junto a sus amigas, las Estrellas Brillantes.

A partir de esa noche, Estrellón se unió a las Estrellas Brillantes todas las noches. El cielo se llenó de alegría y brillo, y las Estrellas Brillantes se convirtieron en un grupo aún más fuerte y unido.

La moraleja de esta historia es que la amistad y la inclusión pueden iluminar la vida de cualquiera. A veces, solo se necesita un pequeño esfuerzo para hacer que alguien se sienta especial y querido.

Y así, en el cielo nocturno de Brillantia, las Estrellas Brillantes y Estrellón siguieron brillando juntas, demostrando que la amistad puede hacer que las noches sean aún más hermosas.

The Journey of the Bright Stars

Once upon a time in a small village called Brillantia, there was a group of bright stars that lived in the night sky. Every night, these stars would gather in the center of the sky to play and dance. They were known as the "Bright Stars" and were very good friends.

One day, while the Bright Stars were playing in the sky, one of them named Estrellita noticed something sad. There was a lonely star named Estrellón who never joined their games. Estrellón always stayed in a corner of the sky, feeling very lonely.

Estrellita was concerned for her lonely friend and decided to do something about it. She gathered the other Bright Stars and proposed a plan. They wanted to make Estrellón feel happy and a part of the group.

So, that night, instead of playing in the center of the sky, the Bright Stars formed a large circle around Estrellón and began to dance around her. They sang cheerful songs and told Estrellón how special she was.

Estrellón, at first, felt surprised and a little embarrassed, but then she started to smile. For the first time in a long time, she felt loved and a part of something. She began to dance and laugh alongside her friends, the Bright Stars.

From that night on, Estrellón joined the Bright Stars every night. The sky was filled with joy and brightness, and the Bright Stars became an even stronger and more united group.

The moral of this story is that friendship and inclusion can light up anyone's life. Sometimes, it just takes a little effort to make someone feel special and loved.

And so, in the night sky of Brillantia, the Bright Stars and Estrellón continued to shine together, proving that friendship can make the nights even more beautiful.

El Misterio del Bosque Encantado

Había una vez un bosque encantado en lo más profundo de un valle. Este bosque era especial porque estaba lleno de árboles mágicos, criaturas misteriosas y secretos ocultos. Los habitantes del pueblo cercano solían contar historias sobre el bosque, pero nadie se atrevía a entrar en él, excepto un joven aventurero llamado Mateo.

Mateo había crecido escuchando las historias del bosque y siempre había sentido curiosidad por él. Un día, reunió su mochila, tomó una brújula y se adentró en el bosque encantado. A medida que avanzaba, los árboles parecían susurrarle secretos y los arroyos cantaban melodías mágicas.

Mientras exploraba el bosque, Mateo se encontró con una pequeña criatura peluda que parecía un mapache, pero tenía alas. Era un mapache alado llamado Roco. Roco hablaba un lenguaje especial que solo Mateo podía entender debido a su valentía al entrar en el bosque.

Roco le dijo a Mateo sobre un misterio que envolvía al bosque: un árbol legendario llamado "El Árbol de los Sueños". Se decía que este árbol podía conceder un deseo a quien lo encontrara. Juntos, Mateo y Roco se embarcaron en una emocionante búsqueda para encontrar el Árbol de los Sueños.

A lo largo de su viaje, se encontraron con seres mágicos, como hadas, duendes y unicornios, que les dieron consejos y pistas para llegar al árbol. Superaron obstáculos, cruzaron ríos y se internaron más profundamente en el bosque.

Finalmente, después de muchas aventuras, Mateo y Roco llegaron al corazón del bosque encantado, donde encontraron un árbol majestuoso con hojas que brillaban como estrellas. Este era el Árbol de los Sueños. Mateo cerró los ojos y formuló un deseo desde lo más profundo de su corazón.

El árbol brilló intensamente y luego sus hojas se esparcieron como un millón de luciérnagas, iluminando el bosque con una luz dorada. Mateo había tenido éxito, su deseo se había cumplido.

Pero en lugar de pedir algo para sí mismo, Mateo deseó que el bosque encantado nunca perdiera su magia y que siempre siguiera siendo un lugar misterioso y maravilloso para las generaciones futuras.

El Árbol de los Sueños concedió el deseo de Mateo y el bosque siguió siendo un lugar mágico y enigmático. Mateo y Roco regresaron al pueblo como héroes y compartieron sus increíbles aventuras con todos. Desde entonces, el bosque encantado se convirtió en un lugar de asombro y admiración, y nadie temió entrar en él jamás.

La lección de esta historia es que a veces, explorar lo desconocido y enfrentar nuestros miedos puede llevarnos a descubrimientos sorprendentes y ayudarnos a preservar la belleza y la magia de lugares especiales como el bosque encantado.

The Mystery of the Enchanted Forest

Once upon a time, there was an enchanted forest deep in a valley. This forest was special because it was full of magical trees, mysterious creatures, and hidden secrets. The villagers from the nearby town used to tell stories about the forest, but no one dared to enter it, except for a young adventurer named Mateo.

Mateo had grown up hearing stories about the forest and had always been curious about it. One day, he gathered his backpack, took a compass, and ventured into the enchanted forest. As he ventured deeper, the trees seemed to whisper secrets to him, and the streams sang magical melodies.

While exploring the forest, Mateo encountered a small furry creature that looked like a raccoon but had wings. It was a winged raccoon named Roco. Roco spoke a special language that only Mateo could understand because of his bravery in entering the forest.

Roco told Mateo about a mystery surrounding the forest: a legendary tree called the "Tree of Dreams." It was said that this tree could grant one wish to whoever found it. Together, Mateo and Roco embarked on an exciting quest to find the Tree of Dreams.

Throughout their journey, they encountered magical beings like fairies, elves, and unicorns, who gave them advice and clues to reach the tree. They overcame obstacles, crossed rivers, and ventured deeper into the forest.

Finally, after many adventures, Mateo and Roco reached the heart of the enchanted forest, where they found a majestic tree with leaves that shone like stars. This was the Tree of Dreams. Mateo closed his eyes and made a wish from the depths of his heart.

The tree glowed brightly and then its leaves scattered like a million fireflies, illuminating the forest with a golden light. Mateo had succeeded; his wish had come true.

But instead of wishing for something for himself, Mateo wished that the enchanted forest would never lose its magic and would always remain a mysterious and wonderful place for future generations.

The Tree of Dreams granted Mateo's wish, and the forest continued to be a magical and enigmatic place. Mateo and Roco returned to the village as heroes and shared their incredible adventures with everyone. Since then, the enchanted forest became a place of wonder and admiration, and no one ever feared to enter it again.

The lesson of this story is that sometimes, exploring the unknown and facing our fears can lead us to amazing discoveries and help us preserve the beauty and magic of special places like the enchanted forest.

El Pequeño Pescador y el Secreto del Mar

Había una vez en un pequeño pueblo junto al mar un niño llamado Diego, apasionado por la pesca. Desde que era muy joven, pasaba horas en la orilla, lanzando su caña al agua, esperando pacientemente a que un pez picara el anzuelo. A pesar de su corta edad, Diego era conocido como el mejor pescador de la aldea.

Un día, mientras pescaba en su lugar favorito, Diego notó algo inusual. En lugar de atrapar un pez, su anzuelo se enganchó en algo grande y pesado. Con gran esfuerzo, logró sacarlo del agua y descubrió que era un cofre del tesoro cubierto de algas marinas y conchas. El cofre parecía antiguo y misterioso.

Diego llevó el cofre de vuelta a su casa y, con la ayuda de su abuelo, logró abrirlo. En su interior encontraron un antiguo mapa del tesoro que indicaba una ubicación en medio del océano. El mapa estaba marcado con una "X" que señalaba un punto lejano en el mar.

Diego y su abuelo decidieron embarcarse en una emocionante aventura para descubrir el tesoro oculto. Se subieron a su pequeña embarcación y zarparon hacia el horizonte, siguiendo las indicaciones del mapa.

A medida que se adentraban en el océano, enfrentaron muchas pruebas y desafíos: tormentas, criaturas marinas curiosas y noches estrelladas en alta mar. Pero Diego y su abuelo perseveraron, impulsados por la emoción de la búsqueda del tesoro.

Finalmente, después de días de navegación, llegaron al lugar marcado en el mapa. Con gran entusiasmo, lanzaron una red al agua y, para su sorpresa, ¡capturaron un tesoro que ni siquiera habían imaginado! En lugar de oro y joyas, sacaron del agua una gran cantidad de peces y criaturas marinas de colores brillantes y hermosos.

Diego y su abuelo se dieron cuenta de que el verdadero tesoro del mar no era la riqueza material, sino la belleza y la abundancia de la vida marina. Regresaron al pueblo con los peces y compartieron su historia con todos. Desde entonces, el pueblo valoró aún más el océano y se comprometió a cuidarlo y preservarlo.

La lección de esta historia es que a veces, la verdadera riqueza no se encuentra en tesoros materiales, sino en la belleza y la diversidad de la naturaleza. Diego aprendió que el mar es un tesoro en sí mismo, y su amor por la pesca se convirtió en un profundo respeto por el océano y sus habitantes.

The Little Fisherman and the Secret of the Sea

Once upon a time in a small seaside village, there was a boy named Diego who was passionate about fishing. From a very young age, he spent hours by the shore, casting his fishing rod into the water, patiently waiting for a fish to bite. Despite his young age, Diego was known as the best fisherman in the village.

One day, while fishing in his favorite spot, Diego noticed something unusual. Instead of catching a fish, his hook got snagged on something large and heavy. With great effort, he managed to pull it out of the water and discovered it was a treasure chest covered in seaweed and shells. The chest appeared ancient and mysterious.

Diego brought the chest back to his home, and with the help of his grandfather, they managed to open it. Inside, they found an old treasure map indicating a location in the middle of the ocean. The map was marked with an "X" pointing to a distant spot at sea.

Diego and his grandfather decided to embark on an exciting adventure to discover the hidden treasure. They boarded their small boat and set sail towards the horizon, following the map's directions.

As they ventured deeper into the ocean, they faced many trials and challenges: storms, curious sea creatures, and starry nights on the high seas. But Diego and his grandfather persevered, driven by the thrill of the treasure hunt.

Finally, after days of sailing, they reached the spot marked on the map. With great excitement, they cast a net into the water, and to their surprise, they caught a treasure they had never imagined! Instead of gold and jewels, they pulled from the water a large quantity of colorful and beautiful fish and sea creatures.

Diego and his grandfather realized that the true treasure of the sea was not material wealth but the beauty and abundance of marine life. They returned to the village with the fish and shared their story with everyone. From then on, the village valued the ocean even more and committed to caring for and preserving it.

The lesson of this story is that sometimes, true wealth is not found in material treasures but in the beauty and diversity of nature. Diego learned that the sea itself is a treasure, and his love for fishing turned into a deep respect for the ocean and its inhabitants.

El Viaje del Pequeño Explorador

Había una vez un niño llamado Pablo, a quien siempre le había fascinado el espacio y las estrellas. Pasaba noches enteras mirando el cielo y soñando con explorar el universo. A medida que crecía, su pasión por la astronomía solo aumentaba.

Un día, mientras investigaba en la biblioteca de su escuela, Pablo encontró un antiguo libro sobre una estrella lejana y misteriosa llamada "Estrella Polar". Según el libro, la Estrella Polar estaba en lo más profundo del espacio, y nadie había logrado llegar a ella.

Pablo quedó cautivado por la idea de viajar a la Estrella Polar. Decidió que algún día sería un explorador espacial y haría ese viaje. Comenzó a estudiar astronomía y a aprender todo lo que pudo sobre naves espaciales y navegación estelar.

A medida que crecía, Pablo continuó con su sueño. Se convirtió en un astronauta y pasó años entrenándose en la NASA. Finalmente, llegó el día en que se le asignó una misión especial: viajar a la Estrella Polar.

Pablo se subió a su nave espacial, la "Exploradora Estelar", y despegó hacia el espacio profundo. Durante su largo viaje, enfrentó desafíos como asteroides, tormentas solares y la soledad del espacio. Pero nunca perdió la determinación de alcanzar su destino.

Después de un largo viaje, finalmente llegó a la Estrella Polar. Era un lugar deslumbrante, con luces brillantes y colores que no se podían describir. Pablo se sintió emocionado y agradecido de ser el primer ser humano en llegar allí.

Mientras exploraba la Estrella Polar, descubrió algo sorprendente: un mensaje dejado por una antigua civilización extraterrestre. El mensaje hablaba de la importancia de cuidar el universo y preservar la belleza del espacio para las futuras generaciones.

Pablo regresó a la Tierra con este importante mensaje y se convirtió en un defensor de la exploración espacial sostenible y la protección del espacio. Su viaje a la Estrella Polar no solo había sido un logro personal, sino también una lección sobre la importancia de cuidar nuestro universo.

La lección de esta historia es que los sueños pueden convertirse en realidad si trabajas duro y perseveras. Además, nos recuerda que debemos cuidar y proteger el espacio y el planeta Tierra para las generaciones futuras.

The Journey of the Little Explorer

Once upon a time, there was a boy named Pablo who had always been fascinated by space and stars. He spent entire nights gazing at the sky and dreaming of exploring the universe. As he grew up, his passion for astronomy only grew stronger.

One day, while researching in his school's library, Pablo came across an ancient book about a distant and mysterious star called the "Polar Star." According to the book, the Polar Star was deep in space, and no one had ever managed to reach it.

Pablo was captivated by the idea of traveling to the Polar Star. He decided that someday he would be a space explorer and make that journey. He began studying astronomy and learning everything he could about spacecraft and stellar navigation.

As he grew older, Pablo continued to pursue his dream. He became an astronaut and spent years training at NASA. Finally, the day came when he was assigned a special mission: to travel to the Polar Star.

Pablo boarded his spaceship, the "Stellar Explorer," and blasted off into deep space. During his long journey, he faced challenges like asteroids, solar storms, and the solitude of space. But he never lost his determination to reach his destination.

After a long journey, he finally arrived at the Polar Star. It was a dazzling place, with bright lights and indescribable colors. Pablo felt excited and grateful to be the first human to arrive there.

While exploring the Polar Star, he discovered something astonishing: a message left by an ancient extraterrestrial civilization. The message spoke of the importance of taking care of the universe and preserving the beauty of space for future generations.

Pablo returned to Earth with this important message and became an advocate for sustainable space exploration and the protection of space. His journey to the Polar Star had not only been a personal achievement but also a lesson about the importance of taking care of our universe.

The lesson of this story is that dreams can come true if you work hard and persevere. It also reminds us that we must take care of and protect space and planet Earth for future generations.

La Aventura del Pequeño Jardinero

Había una vez un niño llamado Luis que vivía en una pequeña casa cerca del bosque. A Luis le encantaba la naturaleza y pasaba la mayor parte de su tiempo jugando en su jardín. Soñaba con tener un jardín mágico lleno de plantas extraordinarias.

Un día, mientras exploraba el bosque, Luis encontró una semilla muy especial. Era de un color brillante y tenía un brillo misterioso. Decidió plantarla en su jardín con la esperanza de que creciera algo asombroso.

Luis cuidó de la semilla con amor y paciencia. La regó todos los días y la observó crecer. Para su sorpresa, la semilla comenzó a brotar y, en cuestión de semanas, se convirtió en una planta mágica con hojas de colores brillantes y flores resplandecientes.

Pero lo más sorprendente de todo fue que esta planta tenía el poder de hacer realidad los deseos. Cuando Luis le pedía un deseo, la planta cumplía su deseo de una manera mágica y sorprendente. Podía volar con los pájaros, nadar con los peces y viajar a lugares lejanos en un abrir y cerrar de ojos.

Luis compartió su jardín mágico con los niños del pueblo y juntos vivieron muchas aventuras emocionantes. Todos los días, se reunían en el jardín de Luis y pedían deseos, explorando el mundo a través de los ojos de la planta mágica.

Pero Luis sabía que la planta mágica era un regalo especial de la naturaleza y que no debía abusar de ella. Siempre les recordaba a sus amigos que los deseos debían ser buenos y generosos, y que debían cuidar y proteger el jardín.

Con el tiempo, el jardín mágico se convirtió en un lugar de amor, amistad y aventuras inolvidables. Luis y sus amigos aprendieron la importancia de ser agradecidos y de cuidar de la naturaleza que los rodeaba.

La lección de esta historia es que la naturaleza puede regalarnos tesoros maravillosos si la cuidamos con amor y respeto. Además, nos recuerda que los deseos más hermosos son aquellos que compartimos con los demás y que hacen del mundo un lugar mejor.

The Adventure of the Little Gardener

Once upon a time, there was a boy named Luis who lived in a small house near the forest. Luis loved nature and spent most of his time playing in his garden. He dreamed of having a magical garden filled with extraordinary plants.

One day, while exploring the forest, Luis found a very special seed. It was of a bright color and had a mysterious shimmer. He decided to plant it in his garden in the hopes that something amazing would grow from it.

Luis cared for the seed with love and patience. He watered it every day and watched it grow. To his surprise, the seed began to sprout and, within weeks, it turned into a magical plant with bright-colored leaves and radiant flowers.

But the most astonishing thing of all was that this plant had the power to grant wishes. When Luis made a wish, the plant would fulfill his wish in a magical and surprising way. He could fly with the birds, swim with the fish, and travel to distant places in the blink of an eye.

Luis shared his magical garden with the children from the village, and together, they had many exciting adventures. Every day, they gathered in Luis's garden and made wishes, exploring the world through the eyes of the magical plant.

But Luis knew that the magical plant was a special gift from nature and that he should not abuse it. He always reminded his friends that wishes should be kind and generous and that they should take care of and protect the garden.

Over time, the magical garden became a place of love, friendship, and unforgettable adventures. Luis and his friends learned the importance of being grateful and caring for the nature that surrounded them.

The lesson of this story is that nature can give us wonderful treasures if we care for it with love and respect. It also reminds us that the most beautiful wishes are those we share with others and that make the world a better place.

El Pequeño Artista y el Pincel Mágico

Había una vez un niño llamado Andrés que vivía en un pequeño pueblo. Desde que era muy joven, mostró un gran amor por el arte. Pasaba horas dibujando y pintando en su cuaderno, creando mundos de colores y formas en cada página.

Un día, mientras exploraba el desván de su abuela, Andrés encontró un viejo pincel de aspecto mágico. El pincel tenía un mango tallado con runas misteriosas y cerdas que parecían estar hechas de luz. Su abuela le contó que ese pincel pertenecía a su abuelo, quien decía que tenía el poder de dar vida a las pinturas.

Andrés estaba emocionado y decidió probar el pincel mágico. Comenzó a pintar un hermoso paisaje en su cuaderno, y para su sorpresa, todo lo que pintaba cobraba vida. Los árboles se balanceaban con el viento, los pájaros volaban en el cielo y los ríos fluían con agua cristalina.

El pincel mágico le permitía a Andrés explorar mundos fantásticos en sus pinturas. Podía viajar a lugares lejanos y vivir aventuras emocionantes. Pero Andrés también descubrió que podía usar el pincel para hacer el bien en el mundo real.

Empezó a pintar en las paredes del pueblo, creando murales que contaban historias y transmitían mensajes de amor y unidad. La gente del pueblo quedó asombrada por el talento de Andrés y cómo sus pinturas parecían traer alegría y esperanza a todos.

Sin embargo, con el tiempo, Andrés se dio cuenta de que el pincel mágico no era solo un regalo, sino una responsabilidad. Decidió usar su don artístico para crear conciencia sobre temas importantes, como la conservación del medio ambiente y la importancia de la amistad.

Andrés se convirtió en un artista famoso en todo el mundo, y sus pinturas inspiraron a las personas a cuidar de la Tierra y a valorar las relaciones humanas. Aunque su pincel mágico lo había llevado a mundos de fantasía, fue su corazón y su dedicación lo que lo convirtieron en un verdadero mago del arte.

La lección de esta historia es que el arte tiene el poder de inspirar y cambiar el mundo. El talento de Andrés, combinado con su pasión y responsabilidad, demostró que el arte puede ser una fuerza positiva que nos une y nos hace mejores seres humanos.

The Little Artist and the Magic Brush

Once upon a time, there was a boy named Andrés who lived in a small village. From a very young age, he showed a great love for art. He spent hours drawing and painting in his sketchbook, creating worlds of colors and shapes on every page.

One day, while exploring his grandmother's attic, Andrés found an old-looking brush that appeared to be magical. The brush had a handle carved with mysterious runes and bristles that seemed to be made of light. His grandmother told him that the brush belonged to his grandfather, who claimed it had the power to bring paintings to life.

Andrés was excited and decided to try the magic brush. He began to paint a beautiful landscape in his sketchbook, and to his surprise, everything he painted came to life. The trees swayed in the wind, birds flew in the sky, and rivers flowed with crystal-clear water.

The magic brush allowed Andrés to explore fantastic worlds in his paintings. He could travel to distant places and live exciting adventures. But Andrés also discovered that he could use the brush to do good in the real world.

He started painting on the walls of the village, creating murals that told stories and conveyed messages of love and unity. The people of the village were amazed by Andrés' talent and how his paintings seemed to bring joy and hope to everyone.

However, over time, Andrés realized that the magic brush was not just a gift but a responsibility. He decided to use his artistic gift to raise awareness about important issues, such as environmental conservation and the importance of friendship.

Andrés became a famous artist worldwide, and his paintings inspired people to take care of the Earth and value human relationships. Although his magic brush had taken him to fantasy worlds, it was his heart and dedication that made him a true wizard of art.

The lesson of this story is that art has the power to inspire and change the world. Andrés' talent, combined with his passion and responsibility, showed that art can be a positive force that unites us and makes us better human beings.

El Viaje de la Mariposa Valiente

Había una vez en un bosque encantado una pequeña mariposa llamada Valentina. Valentina era diferente de las otras mariposas; tenía colores y patrones únicos en sus alas que la hacían destacar. Pero lo más especial de Valentina era su espíritu aventurero.

Un día, Valentina escuchó una leyenda sobre una flor mágica en lo más profundo del bosque. Se decía que esta flor concedía un deseo a aquellos lo suficientemente valientes para encontrarla. Valentina sintió que su corazón latía con emoción y decidió emprender el viaje para encontrar la flor mágica.

El viaje de Valentina la llevó a través de densos bosques, ríos y campos de flores. A lo largo de su camino, hizo nuevos amigos, como el zorro curioso y el búho sabio, quienes le dieron consejos y la alentaron en su búsqueda.

En su viaje, Valentina enfrentó desafíos como tormentas y laberintos de espinas, pero nunca se rindió. Siguió adelante con determinación y valentía, manteniendo siempre su objetivo en mente: encontrar la flor mágica.

Finalmente, después de mucho tiempo de búsqueda, Valentina llegó a un claro del bosque donde vio una flor resplandeciente con pétalos de todos los colores del arco iris. Sabía que había encontrado la flor mágica.

Valentina cerró los ojos y pidió su deseo con todo su corazón. Cuando abrió los ojos, su deseo se hizo realidad: las alas de

Valentina se llenaron de destellos de colores aún más brillantes y hermosos. Valentina había deseado ser capaz de compartir la alegría y la belleza del mundo con otros.

Regresó al bosque encantado y compartió su alegría con sus amigos, quienes quedaron maravillados por su resplandor. Valentina se dio cuenta de que la verdadera magia no estaba en la flor, sino en la amistad y la valentía que había experimentado en su viaje.

La lección de esta historia es que la verdadera valentía no radica en la apariencia, sino en el coraje de seguir tus sueños y en la amistad que haces en el camino. Valentina demostró que con determinación y valentía, incluso una pequeña mariposa puede lograr cosas asombrosas.

The Journey of the Brave Butterfly

Once upon a time in an enchanted forest, there was a little butterfly named Valentina. Valentina was different from the other butterflies; she had unique colors and patterns on her wings that made her stand out. But what was most special about Valentina was her adventurous spirit.

One day, Valentina heard a legend about a magical flower deep in the forest. It was said that this flower granted a wish to those brave enough to find it. Valentina felt her heart race with excitement and decided to embark on the journey to find the magical flower.

Valentina's journey took her through dense forests, rivers, and fields of flowers. Along her way, she made new friends, like the curious fox and the wise owl, who gave her advice and encouraged her in her quest.

On her journey, Valentina faced challenges such as storms and thorn mazes, but she never gave up. She pressed on with determination and courage, always keeping her goal in mind: to find the magical flower.

Finally, after a long search, Valentina arrived in a forest clearing where she saw a radiant flower with petals of every color of the rainbow. She knew she had found the magical flower.

Valentina closed her eyes and made her wish with all her heart. When she opened her eyes, her wish came true: Valentina's wings were filled with even more brilliant and beautiful colors. Valentina had wished to be able to share the joy and beauty of the world with others.

She returned to the enchanted forest and shared her joy with her friends, who were amazed by her radiance. Valentina realized that the true magic was not in the flower but in the friendship and courage she had experienced on her journey.

The lesson of this story is that true bravery is not about appearance but about the courage to follow your dreams and the friendships you make along the way. Valentina showed that with determination and bravery, even a little butterfly can achieve amazing things.

El Misterio del Faro Solitario

Había una vez en la costa de un pequeño pueblo, un faro solitario llamado Faro Solitario. Este faro había estado en pie durante generaciones, iluminando la oscuridad de las noches y guiando a los barcos a salvo a través de las aguas peligrosas.

La historia de Faro Solitario estaba rodeada de misterio. Se decía que el faro estaba encantado y que todas las noches, una luz parpadeante aparecía en su torre, pero nadie sabía de dónde venía. Los aldeanos hablaban de fantasmas y tesoros enterrados bajo el faro, pero nadie se atrevía a acercarse.

Un día, llegó al pueblo un joven aventurero llamado Marco. Había oído hablar del misterio del Faro Solitario y estaba decidido a descubrir la verdad. Se hospedó en la posada del pueblo y comenzó a investigar.

Marco pasó días explorando los alrededores del faro, buscando pistas y hablando con los aldeanos. Todos le advirtieron que el faro estaba encantado y que era peligroso acercarse. Pero Marco no se dejó intimidar.

Una noche, mientras observaba el faro desde la playa, vio la luz parpadeante en la torre. Decidió acercarse sigilosamente. Subió por las escaleras de la torre y, al llegar a la cima, descubrió algo sorprendente: no había fantasmas ni tesoros enterrados. En su lugar, encontró una colonia de luciérnagas que emitían su luz, creando el misterioso destello.

Marco se rió al darse cuenta de que el misterio del Faro Solitario no era más que el brillo de las luciérnagas. Decidió compartir su descubrimiento con los aldeanos al día siguiente. La noticia se difundió rápidamente, y la comunidad se sintió aliviada al conocer la verdadera historia detrás del faro.

Desde ese día, el Faro Solitario dejó de ser un lugar temido y se convirtió en un símbolo de la comunidad. Las luciérnagas continuaron iluminando el faro cada noche, y los aldeanos lo cuidaban con amor y aprecio.

La lección de esta historia es que a veces, lo que parece misterioso y aterrador a primera vista puede tener una explicación simple y hermosa. También nos recuerda que la verdad puede ser más asombrosa que la ficción, y que la valentía y la curiosidad pueden ayudarnos a descubrirla.

The Mystery of the Solitary Lighthouse

Once upon a time, on the coast of a small village, stood a solitary lighthouse called Solitary Lighthouse. This lighthouse had been standing for generations, illuminating the darkness of the nights and guiding ships safely through treacherous waters.

The story of Solitary Lighthouse was shrouded in mystery. It was said that the lighthouse was haunted and that every night, a flickering light would appear in its tower, but no one knew where it came from. Villagers spoke of ghosts and buried treasures beneath the lighthouse, but no one dared to approach.

One day, a young adventurer named Marco arrived in the village. He had heard of the mystery of Solitary Lighthouse and was determined to uncover the truth. He stayed at the village inn and began his investigation.

Marco spent days exploring the area around the lighthouse, searching for clues, and talking to the villagers. They all warned him that the lighthouse was haunted and dangerous to approach. But Marco was not easily intimidated.

One night, while watching the lighthouse from the beach, he saw the flickering light in the tower. He decided to approach stealthily. He climbed the stairs of the tower and, upon reaching the top, discovered something astonishing: there were no ghosts or buried treasures. Instead, he found a colony of fireflies emitting their light, creating the mysterious flicker.

Marco laughed as he realized that the mystery of Solitary Lighthouse was nothing more than the glow of fireflies. He decided to share his discovery with the villagers the next day. The news spread quickly, and the community felt relieved to learn the true story behind the lighthouse.

From that day on, Solitary Lighthouse ceased to be a feared place and became a symbol of the community. The fireflies continued to illuminate the lighthouse every night, and the villagers cared for it with love and appreciation.

The lesson of this story is that sometimes, what appears mysterious and frightening at first glance may have a simple and beautiful explanation. It also reminds us that the truth can be more amazing than fiction and that courage and curiosity can help us discover it.

El Árbol de los Deseos

En un pequeño pueblo rodeado de bosques, había un árbol muy especial llamado el Árbol de los Deseos. Se decía que este árbol tenía el poder de conceder un deseo a cualquier persona que hiciera una promesa y la cumpliera. Pero había una regla: el deseo solo se haría realidad si la promesa se mantenía.

Un día, una niña llamada Isabella descubrió el Árbol de los Deseos mientras exploraba el bosque. Era un árbol majestuoso con hojas resplandecientes y ramas altas que se alzaban hacia el cielo. Isabella sintió una profunda conexión con el árbol y decidió hacer un deseo.

Hizo una promesa sincera de ayudar a los demás y cuidar del medio ambiente. Luego, formuló su deseo con todo su corazón: "Deseo que el pueblo siempre esté lleno de amor y prosperidad". Cuando terminó su deseo, una luz brillante iluminó el árbol por un breve momento.

Isabella se fue del bosque con la esperanza de que su deseo se hiciera realidad. Comenzó a cumplir su promesa ayudando a los ancianos y recogiendo basura en el pueblo para mantenerlo limpio. Cada día, dedicaba tiempo a hacer el bien a los demás y cuidar de la naturaleza.

Con el tiempo, el pueblo empezó a cambiar. La gente se volvió más amable y solidaria, y la naturaleza floreció con exuberancia. Los campos estaban llenos de flores y los ríos rebosaban de peces.

El Árbol de los Deseos había comenzado a hacer realidad los deseos de Isabella.

Isabella se convirtió en una inspiración para todos en el pueblo. Su amor y cuidado por los demás y el entorno se propagaron como un contagio. Cada persona en el pueblo comenzó a hacer promesas y deseos sinceros, y el Árbol de los Deseos los ayudaba a cumplirlos.

Con el tiempo, el pueblo se convirtió en un lugar de prosperidad y felicidad, donde la bondad y la cooperación eran fundamentales. Isabella aprendió que cuando hacemos promesas sinceras y trabajamos juntos para cumplirlas, podemos hacer que nuestros deseos se hagan realidad y crear un mundo mejor.

La lección de esta historia es que la bondad y la cooperación pueden traer prosperidad y felicidad a nuestras vidas y comunidades. También nos recuerda que cuando hacemos promesas sinceras y trabajamos para cumplirlas, podemos hacer que nuestros deseos se hagan realidad.

The Tree of Wishes

In a small village surrounded by forests, there was a very special tree called the Tree of Wishes. It was said that this tree had the power to grant a wish to anyone who made a promise and kept it. But there was one rule: the wish would only come true if the promise was kept.

One day, a girl named Isabella discovered the Tree of Wishes while exploring the forest. It was a majestic tree with shining leaves and tall branches that reached up to the sky. Isabella felt a deep connection to the tree and decided to make a wish.

She made a sincere promise to help others and care for the environment. Then, she made her wish with all her heart: "I wish that the village is always filled with love and prosperity." When she finished her wish, a bright light illuminated the tree for a brief moment.

Isabella left the forest with the hope that her wish would come true. She began to fulfill her promise by helping the elderly and picking up litter in the village to keep it clean. Every day, she devoted time to doing good for others and caring for nature.

Over time, the village began to change. People became kinder and more supportive, and nature flourished abundantly. Fields were filled with flowers, and rivers teemed with fish. The Tree of Wishes had started to make Isabella's wishes come true.

Isabella became an inspiration to everyone in the village. Her love and care for others and the environment spread like wildfire. Each person in the village began to make sincere promises and wishes, and the Tree of Wishes helped them come true.

As time passed, the village became a place of prosperity and happiness, where kindness and cooperation were paramount. Isabella learned that when we make sincere promises and work together to keep them, we can make our wishes come true and create a better world.

The lesson of this story is that kindness and cooperation can bring prosperity and happiness to our lives and communities. It also reminds us that when we make sincere promises and work to keep them, we can make our wishes come true.

La Aventura de las Estrellas Fugaces

En una noche estrellada en un pequeño pueblo en lo profundo del bosque, vivían dos amigos llamados Lucas y Elena. Ambos compartían una pasión por observar las estrellas y soñaban con presenciar una lluvia de estrellas fugaces.

Un día, mientras exploraban el bosque, encontraron un mapa antiguo que indicaba la ubicación de un lugar especial conocido como "El Valle de las Estrellas Fugaces". Según la leyenda, este lugar era donde las estrellas fugaces caían con más frecuencia y brillaban más intensamente.

Lucas y Elena decidieron emprender una emocionante aventura para encontrar el Valle de las Estrellas Fugaces. Armados con su mapa y la determinación de presenciar la mágica lluvia de estrellas, comenzaron su viaje.

Caminaron durante días y noches a través del bosque, enfrentando desafíos como ríos, montañas y densos matorrales. Pero su amistad y su deseo de ver las estrellas fugaces los mantuvieron fuertes y enfocados en su objetivo.

Finalmente, llegaron al Valle de las Estrellas Fugaces en una noche clara y despejada. Se acostaron en la hierba y miraron al cielo, esperando con anticipación. Pronto, las estrellas fugaces comenzaron a caer como pequeñas llamas brillantes.

Las estrellas fugaces eran hermosas y mágicas, dejando estelas de luz en su camino. Lucas y Elena hicieron deseos mientras las observaban, deseos de amor, amistad y aventuras futuras juntos.

Después de presenciar la lluvia de estrellas, Lucas y Elena regresaron al pueblo con los corazones llenos de alegría. Compartieron su experiencia con los demás y les recordaron la belleza y la magia del mundo natural.

La amistad de Lucas y Elena se fortaleció aún más después de su aventura en el Valle de las Estrellas Fugaces. Aprendieron que cuando compartes tus sueños y aventuras con un amigo, la magia del mundo se vuelve aún más brillante.

La lección de esta historia es que la amistad y la búsqueda de sueños compartidos pueden llevarnos a vivir experiencias mágicas. También nos recuerda que la belleza y la magia están presentes en el mundo natural que nos rodea, si estamos dispuestos a buscarlas.

The Adventure of the Shooting Stars

On a starry night in a small village deep within the forest, lived two friends named Lucas and Elena. Both shared a passion for stargazing and dreamed of witnessing a meteor shower.

One day, while exploring the forest, they stumbled upon an old map that marked the location of a special place known as "The Valley of Shooting Stars." According to legend, this place was where shooting stars fell most frequently and shone most brightly.

Lucas and Elena decided to embark on an exciting adventure to find the Valley of Shooting Stars. Armed with their map and the determination to witness the magical meteor shower, they began their journey.

They walked for days and nights through the forest, facing challenges like rivers, mountains, and dense thickets. But their friendship and their desire to see shooting stars kept them strong and focused on their goal.

Finally, they arrived at the Valley of Shooting Stars on a clear and starry night. They lay down in the grass and looked up at the sky, eagerly awaiting the spectacle. Soon, shooting stars began to fall like tiny, bright flames.

The shooting stars were beautiful and magical, leaving trails of light in their wake. Lucas and Elena made wishes as they watched, wishes for love, friendship, and future adventures together.

After witnessing the meteor shower, Lucas and Elena returned to the village with hearts full of joy. They shared their experience with others and reminded them of the beauty and magic of the natural world.

Lucas and Elena's friendship grew even stronger after their adventure in the Valley of Shooting Stars. They learned that when you share your dreams and adventures with a friend, the magic of the world becomes even brighter.

The lesson of this story is that friendship and the pursuit of shared dreams can lead us to live magical experiences. It also reminds us that beauty and magic are present in the natural world around us if we are willing to seek them.

El Bosque Encantado de los Susurros

En lo profundo de un misterioso bosque, había un lugar conocido como el Bosque Encantado de los Susurros. Se decía que el bosque estaba habitado por criaturas mágicas que solo se revelaban a aquellos con corazones puros y almas curiosas.

Había una niña llamada Clara que vivía cerca del bosque y había oído hablar de las maravillas del Bosque Encantado de los Susurros. Desde que era muy joven, Clara había sentido una profunda conexión con la naturaleza y siempre había sentido una atracción inexplicable hacia el bosque.

Un día, Clara decidió aventurarse en el Bosque Encantado de los Susurros. Llevaba consigo una pequeña caja de música que le habían regalado cuando era niña. La caja de música tenía una melodía mágica que parecía resonar con el latido del corazón de Clara.

Mientras caminaba por el bosque, Clara escuchó susurros suaves y melodías encantadoras que llenaban el aire. Los árboles parecían susurrar secretos, y las flores se inclinaban hacia ella como si la invitaran a acercarse.

Clara continuó explorando el bosque y, en un claro, encontró una criatura mágica. Era un pequeño hada con alas brillantes que jugaba con luciérnagas. El hada le dijo a Clara que el bosque estaba lleno de magia y que solo aquellos con corazones puros podían experimentar su encanto.

El hada guió a Clara a través del bosque, mostrándole maravillas ocultas y revelando secretos antiguos. Clara tocó la caja de música y la melodía se mezcló con los susurros del bosque, creando una sinfonía mágica.

Con el tiempo, Clara se convirtió en una guardiana del Bosque Encantado de los Susurros. Cuidaba de la naturaleza y compartía las historias y la magia del bosque con otros. El bosque y Clara se convirtieron en uno solo, y su conexión con la naturaleza se volvió más fuerte que nunca.

La lección de esta historia es que la magia de la naturaleza solo se revela a aquellos con corazones puros y almas curiosas. También nos recuerda la importancia de cuidar y preservar la belleza de la naturaleza, y cómo podemos encontrar nuestra verdadera conexión con el mundo natural.

The Enchanted Whispering Forest

Deep within a mysterious forest, there was a place known as the Enchanted Whispering Forest. It was said that the forest was inhabited by magical creatures that only revealed themselves to those with pure hearts and curious souls.

There was a girl named Clara who lived near the forest and had heard of the wonders of the Enchanted Whispering Forest. Since she was very young, Clara had felt a deep connection to nature and had always felt an unexplainable attraction to the forest.

One day, Clara decided to venture into the Enchanted Whispering Forest. She carried with her a small music box that had been given to her when she was a child. The music box had a magical melody that seemed to resonate with Clara's heartbeat.

As she walked through the forest, Clara heard soft whispers and enchanting melodies that filled the air. The trees seemed to whisper secrets, and the flowers leaned toward her as if inviting her to come closer.

Clara continued to explore the forest, and in a clearing, she encountered a magical creature. It was a small fairy with sparkling wings, playing with fireflies. The fairy told Clara that the forest was full of magic and that only those with pure hearts could experience its charm.

The fairy guided Clara through the forest, showing her hidden wonders and revealing ancient secrets. Clara played the music box, and the melody blended with the forest's whispers, creating a magical symphony.

Over time, Clara became a guardian of the Enchanted Whispering Forest. She cared for nature and shared the stories and magic of the forest with others. The forest and Clara became one, and her connection with nature became stronger than ever.

The lesson of this story is that the magic of nature is only revealed to those with pure hearts and curious souls. It also reminds us of the importance of caring for and preserving the beauty of nature and how we can find our true connection with the natural world.

El Regalo de las Cuatro Estaciones

Había una vez un lugar mágico y encantado donde las estaciones del año eran seres vivos. La primavera era una joven con una corona de flores, el verano un hombre de piel dorada, el otoño una anciana con hojas en el pelo y el invierno un anciano con barba de hielo.

Estas cuatro estaciones vivían en armonía y se turnaban para cuidar y embellecer el mundo. Pero un día, una disputa surgió entre ellas. La primavera quería más tiempo para ver crecer sus flores, el verano ansiaba más días soleados, el otoño deseaba que sus hojas doradas duraran más y el invierno quería extender su manto de nieve.

La disputa creció y comenzaron a pelear, causando un desequilibrio en el mundo. Los campos se inundaron, el sol ardiente causó sequías, las hojas cayeron antes de tiempo y el frío invierno se apoderó del mundo sin piedad.

La Tierra se volvió un lugar triste y desolado. Los humanos sufrían y clamaban por ayuda. Fue entonces cuando una niña llamada María decidió emprender un viaje para reconciliar a las estaciones y devolver la armonía al mundo.

María comenzó su viaje en la primavera, donde le pidió a la joven primavera que entendiera la importancia de dar paso al verano y permitir que las flores crecieran en su tiempo adecuado. La primavera asintió, y su corona de flores brilló con alegría.

Luego, María fue al verano, donde le explicó la necesidad de compartir el calor y el sol con el otoño para que las cosechas fueran abundantes. El verano aceptó, y su piel dorada se suavizó.

Después, María visitó al otoño, recordándole lo hermoso que era su baile de hojas doradas, pero también la importancia de ceder su lugar al invierno para que la naturaleza pudiera descansar. El otoño sonrió, y las hojas en su pelo se volvieron más brillantes.

Finalmente, María llegó al invierno, y le recordó la necesidad de dar paso a la primavera para que la vida floreciera de nuevo. El invierno asintió, y su barba de hielo se derritió lentamente.

Con las estaciones reconciliadas, María regresó al lugar mágico y las cuatro estaciones se abrazaron en armonía. El mundo comenzó a sanar, y la Tierra volvió a ser un lugar hermoso y lleno de vida.

La lección de esta historia es que la armonía y el equilibrio en la naturaleza son esenciales para la vida en la Tierra. También nos recuerda que todos tenemos un papel que desempeñar y que debemos aprender a compartir y ceder para que el mundo prospere.

The Gift of the Four Seasons

Once upon a time, in a magical and enchanted place, the seasons of the year were living beings. Spring was a young girl with a crown of flowers, summer a golden-skinned man, autumn an elderly woman with leaves in her hair, and winter an old man with a beard of ice.

These four seasons lived in harmony and took turns caring for and beautifying the world. But one day, a dispute arose among them. Spring wanted more time to see her flowers bloom, summer longed for more sunny days, autumn wished for her golden leaves to last longer, and winter wanted to extend his blanket of snow.

The dispute grew, and they began to fight, causing an imbalance in the world. Fields flooded, scorching sun caused droughts, leaves fell prematurely, and the cold winter took over the world without mercy.

The Earth became a sad and desolate place. Humans suffered and cried out for help. It was then that a girl named Maria decided to embark on a journey to reconcile the seasons and restore harmony to the world.

Maria began her journey in spring, where she asked the young spring to understand the importance of giving way to summer and allowing flowers to bloom in their own time. Spring nodded, and her flower crown shimmered with joy.

Then, Maria went to summer, where she explained the need to share the warmth and sun with autumn so that the harvests could be plentiful. Summer agreed, and his golden skin softened.

Next, Maria visited autumn, reminding her of the beauty of her golden leaf dance but also the importance of yielding her place to winter so that nature could rest. Autumn smiled, and the leaves in her hair became brighter.

Finally, Maria reached winter, and she reminded him of the need to make way for spring so that life could bloom again. Winter nodded, and his beard of ice slowly melted.

With the seasons reconciled, Maria returned to the magical place, and the four seasons embraced in harmony. The world began to heal, and the Earth became beautiful and full of life once more.

The lesson of this story is that harmony and balance in nature are essential for life on Earth. It also reminds us that we all have a role to play and that we must learn to share and yield for the world to thrive.

El Misterio de la Isla de los Colores

En medio del vasto océano, existía una isla misteriosa conocida como la Isla de los Colores. Nadie sabía exactamente dónde se encontraba, ya que aparecía y desaparecía en diferentes lugares del océano. Pero lo que hacía que esta isla fuera verdaderamente especial era que todo en ella tenía colores vibrantes y vivos.

En la Isla de los Colores, los árboles tenían hojas de colores del arco iris, los ríos fluían en tonos brillantes y las aves tenían plumajes deslumbrantes. Los habitantes de la isla eran seres mágicos conocidos como los "Coloridos", y estaban hechos de luz y color.

Un día, un joven aventurero llamado Leo escuchó una leyenda sobre la Isla de los Colores y se dispuso a encontrarla. Después de una larga travesía en su barco, finalmente avistó la isla. Cuando pisó tierra, quedó maravillado por la belleza de los colores que lo rodeaban.

Los Coloridos, al ver a Leo, lo saludaron con alegría y lo invitaron a explorar su isla. Le contaron que la magia de la isla provenía de una fuente secreta escondida en lo profundo de la selva. Esta fuente irradiaba colores que llenaban de vida todo lo que tocaba.

Leo decidió emprender una búsqueda para encontrar la fuente mágica de colores y asegurarse de que nunca se agotara. Durante su viaje, se encontró con desafíos como laberintos de flores y cascadas de pintura. Pero con determinación y la ayuda de los Coloridos, superó cada obstáculo.

Finalmente, llegó al corazón de la selva, donde encontró la fuente mágica de colores. Era un manantial que brotaba con un flujo constante de colores brillantes y mágicos. Leo prometió cuidar de la fuente y asegurarse de que los colores nunca se desvanecieran.

De regreso en la Isla de los Colores, Leo compartió la noticia de su éxito con los Coloridos. La isla brilló aún más con gratitud y alegría. Leo se quedó en la isla durante mucho tiempo, aprendiendo sobre la magia de los colores y viviendo en armonía con los Coloridos.

La lección de esta historia es que la belleza y la magia pueden encontrarse en lugares inesperados, y a menudo, es nuestra responsabilidad cuidar de los tesoros que descubrimos. También nos recuerda que la diversidad y la vibrante paleta de colores en el mundo pueden unirnos y hacernos apreciar la maravilla de la vida.

The Mystery of the Island of Colors

In the middle of the vast ocean, there existed a mysterious island known as the Island of Colors. No one knew exactly where it was, as it appeared and disappeared in different places in the ocean. But what made this island truly special was that everything on it had vibrant and vivid colors.

On the Island of Colors, trees had rainbow-colored leaves, rivers flowed in bright hues, and birds had dazzling plumage. The inhabitants of the island were magical beings known as the "Colorfuls," and they were made of light and color.

One day, a young adventurer named Leo heard a legend about the Island of Colors and set out to find it. After a long journey on his boat, he finally spotted the island. When he set foot on the land, he was awestruck by the beauty of the surrounding colors.

The Colorfuls, upon seeing Leo, greeted him with joy and invited him to explore their island. They told him that the magic of the island came from a secret spring hidden deep in the jungle. This spring radiated colors that brought everything it touched to life.

Leo decided to embark on a quest to find the magical color spring and ensure it would never run dry. During his journey, he encountered challenges like flower mazes and paintwaterfalls. But with determination and the help of the Colorfuls, he overcame each obstacle.

Finally, he reached the heart of the jungle, where he found the magical color spring. It was a spring that gushed with a constant flow of bright and magical colors. Leo promised to care for the spring and ensure that the colors never faded.

Back on the Island of Colors, Leo shared the news of his success with the Colorfuls. The island shone even brighter with gratitude and joy. Leo stayed on the island for a long time, learning about the magic of colors and living in harmony with the Colorfuls.

The lesson of this story is that beauty and magic can be found in unexpected places, and often, it is our responsibility to care for the treasures we discover. It also reminds us that the diversity and vibrant palette of colors in the world can unite us and make us appreciate the wonder of life.

El Viaje de los Sueños

Había una vez un niño llamado Mateo que vivía en un pequeño pueblo. Mateo era conocido por ser un soñador, siempre perdido en su mundo de imaginación y aventuras. Pasaba horas dibujando y creando historias en su mente.

Un día, mientras paseaba por el bosque cerca de su casa, Mateo encontró una puerta de aspecto antiguo. La puerta parecía llevar a algún lugar misterioso, y estaba adornada con inscripciones extrañas. Mateo, con su espíritu aventurero, no pudo resistir la tentación de abrirla.

Al cruzar la puerta, Mateo se encontró en un mundo completamente diferente. Era un lugar de colores brillantes y criaturas mágicas. Había dragones que volaban en el cielo, árboles que hablaban y ríos que brillaban como diamantes. Era un lugar donde los sueños se hacían realidad.

Mateo se embarcó en un viaje asombroso a través de este mundo de ensueño. Conoció a nuevos amigos, como un unicornio amistoso y un duende que le enseñó a volar con alas de mariposa. Juntos, vivieron emocionantes aventuras y exploraron lugares mágicos.

Pero Mateo pronto se dio cuenta de que extrañaba a su familia y su hogar en el pueblo. Sabía que debía regresar, pero no quería dejar atrás a sus nuevos amigos y las maravillas de ese mundo mágico.

Finalmente, después de muchas aventuras y desafíos, Mateo encontró la puerta que lo llevaría de regreso a su hogar. Se despidió con tristeza de sus amigos y cruzó la puerta.

Al regresar a su pueblo, Mateo llevó consigo las lecciones y recuerdos de su viaje. Siguió siendo un soñador, pero ahora sabía que los sueños podían hacerse realidad si uno estaba dispuesto a emprender la aventura y luego regresar a casa para compartir esas experiencias.

La lección de esta historia es que nuestros sueños y aventuras pueden ser fuente de inspiración y aprendizaje. A veces, es importante emprender un viaje para descubrir nuevas maravillas, pero también es valioso regresar a casa para compartir esas experiencias con quienes amamos.

The Journey of Dreams

Once upon a time, there was a boy named Mateo who lived in a small village. Mateo was known for being a dreamer, always lost in his world of imagination and adventures. He spent hours drawing and creating stories in his mind.

One day, while wandering through the forest near his home, Mateo stumbled upon an old-looking door. The door seemed to lead to some mysterious place and was adorned with strange inscriptions. Mateo, with his adventurous spirit, couldn't resist the temptation to open it.

Upon crossing the door, Mateo found himself in a completely different world. It was a place of vibrant colors and magical creatures. There were dragons flying in the sky, talking trees, and rivers that sparkled like diamonds. It was a place where dreams came true.

Mateo embarked on an amazing journey through this dreamlike world. He met new friends, like a friendly unicorn and a gnome who taught him to fly with butterfly wings. Together, they experienced exciting adventures and explored magical places.

But Mateo soon realized that he missed his family and his home in the village. He knew he had to return, but he didn't want to leave behind his new friends and the wonders of that magical world.

Finally, after many adventures and challenges, Mateo found the door that would take him back home. He said a sad farewell to his friends and crossed the door.

Upon returning to his village, Mateo carried with him the lessons and memories of his journey. He remained a dreamer, but now he knew that dreams could come true if one was willing to embark on the adventure and then return home to share those experiences.

The lesson of this story is that our dreams and adventures can be a source of inspiration and learning. Sometimes, it's important to embark on a journey to discover new wonders, but it's also valuable to return home and share those experiences with the ones we love.